まちごとアジア

Iran 007 Yazd
ヤズド
息づくゾロアスター教の「伝統」

يزد

Asia City Guide Production

【白地図】イラン

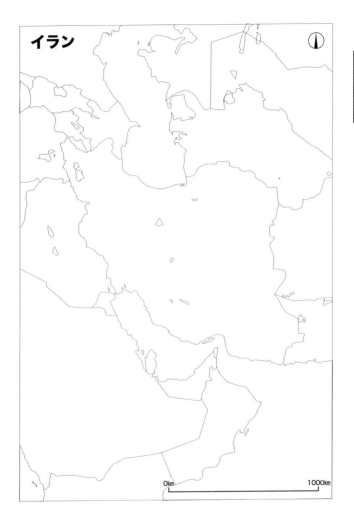

【白地図】イラン中心部

ASIA
イラン

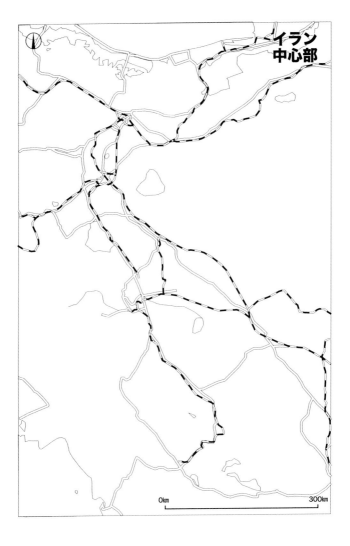

【白地図】ヤズド

ASIA
イラン

ヤズド

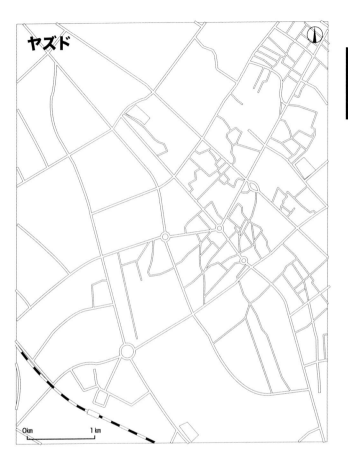

Yazd 白地図

【白地図】旧市街

イラン

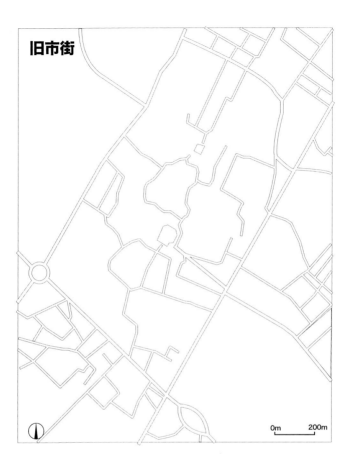

【白地図】沈黙の塔

ASIA
イラン

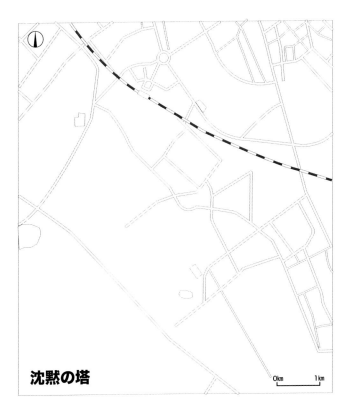

【白地図】ヤズド郊外

ASIA
イラン

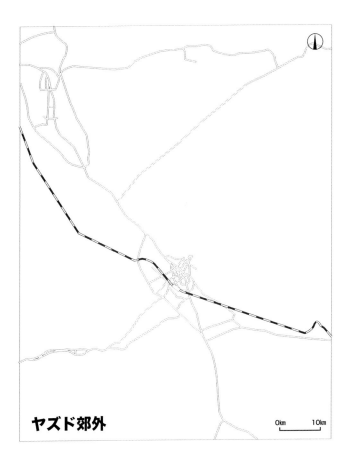

【まちごとアジア】
イラン001 はじめてのイラン
イラン002 テヘラン
イラン003 イスファハン
イラン004 シーラーズ
イラン005 ペルセポリス
イラン006 パサルガダエ（ナグシェ・ロスタム）
イラン007 ヤズド
イラン008 チョガ・ザンビル（アフヴァーズ）
イラン009 タブリーズ
イラン010 アルダビール

カヴィール砂漠の西端に位置するヤズド。砂塵がふき、褐色の民家が続く旧市街の様子は中世ペルシャの街並みを彷彿とさせる。この街は日中は強い太陽の日差しを受ける一方、夜は冷え、また夏と冬は対照的な気候をもつ砂漠特有の気候をしている。

ヤズドの歴史はササン朝ペルシャ時代にさかのぼるが、イスラム化した10世紀以降、この街をおさめた地方勢力がカナートを整備し、市壁を拡大することでキャラバン・ルートの中継点となった。とくに14〜15世紀にかけてムザッファ

يزد
ヤズド
Yazd

ル朝、ティムール朝の治下でヤズドの繁栄は頂点に達した。

またヤズドは7世紀にイスラム化する以前にイランの国教だったゾロアスター教の伝統が残る街として知られ、現在でも多くの信徒が暮らしている。街やその郊外にはゾロアスター教寺院、かつて鳥葬や風葬が行なわれた沈黙の塔が残り、世界中からゾロアスター教徒が集まる聖地となっている。

【まちごとアジア】
イラン 007 ヤズド

目次

ヤズド ………………………………………………… xiv

砂塵舞う褐色の古都 ………………………………… xx

ヤズド城市案内 …………………………………… xxviii

郊外城市案内 ……………………………………… xlix

天国と地獄を見つめて ……………………………… lix

【MEMO】

【地図】イラン

砂塵舞う
褐色の
古都

ASIA
イラン

不毛な乾燥地帯が続くイラン高原
人々は地下水路カナートをひき
生活の糧としてきた

砂漠に浮かぶ都市

乾燥地帯が続くイラン高原の中央部に位置するヤズド。ここはカヴィール砂漠の西端に位置し、砂嵐が街をおそうこともめずらしくない。年間降雨量がきわめて少ないことから、地下水路カナートを開削して人々は水を確保してきた。こうした農業に不向きな環境から、絹織物や絨毯などがさかんで、中世以来の伝統産業となっている。この町をはじめて訪れた西欧人マルコ・ポーロは『東方見聞録』に「気品ある町ヤズド」と記している。

▲左 ゾロアスター教の神アフラ・マズダ。 ▲右 ミナレットが高くそびえる、アミール・チャクマーグ・モスク

ゾロアスター教が息づく街

ヤズドの住民の大多数はイスラム教徒だが、そのなかでも6000人程度のゾロアスター教徒がまとまって暮らす街として知られる。ゾロアスター教は古代ペルシャの国教だった宗教で、「善と悪」「天国と地獄」といった二元論をもち、この世の終わりの「最後の審判」で裁きがくだるという終末観をもつ。7世紀のアラブ軍による侵入以後、イランはイスラム化したため、ゾロアスター教徒のある一派は西インドに逃れ、ある一派はヤズドやケルマンで、ひっそりと暮らすようになった（また12世紀のモンゴル軍の侵入を契機に）。19世

ASIA
イラン

紀には少数派のゾロアスター教徒が迫害されることもあったが、現在は平穏に暮らしている。

中世のたたずまい

ヤズドはササン朝時代にさかのぼる歴史をもち（街の名はササン朝の王ヤズデギルドと関係があるという）、アラブ征服以後、11世紀初頭のブワイフ朝時代にカークー家という地方勢力のもと、灌漑活動が行なわれ、街は発展するようになった。12世紀後半にはトルコ系のアター・ベクの支配下にあり、ヤズドはモンゴル軍の侵入を免れた稀有な街でもあった。そ

Yazd 砂塵舞う褐色の古都

▲左 モスクのドーム、タイルで美しく装飾されている。 ▲右 風採り塔バードギール、砂漠に生きる人々の知恵

の後、14〜15世紀のムザッファル朝、ティムール朝を通じて街は繁栄し、この時代がヤズドがもっともにぎわっていた時代だと伝えられる。

【地図】イラン中心部

ASIA
イラン

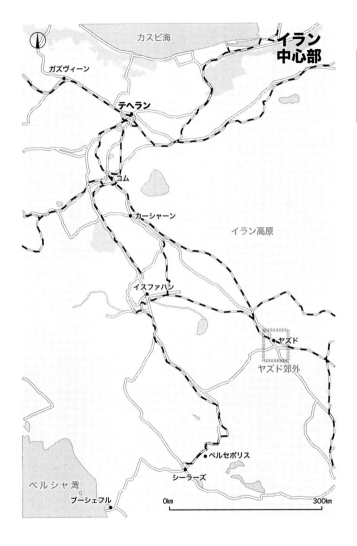

【MEMO】

ASIA
イラン

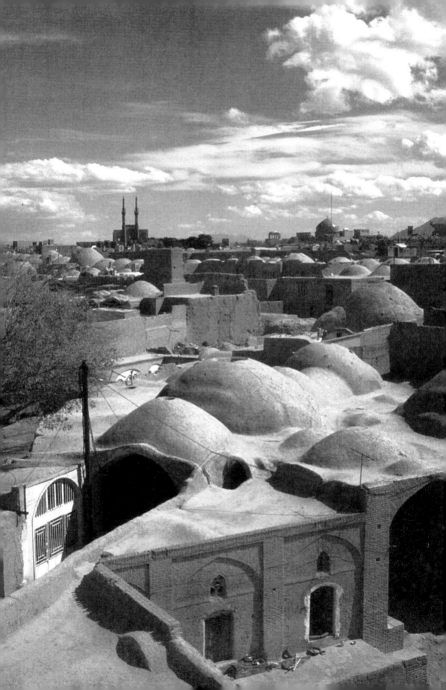

Guide, Yazd
ヤズド城市案内

ASIA
イラン

日干しレンガでつくられた住居が続く旧市街
ゾロアスター教寺院アーテシュカデ
失われゆく伝統が今も息づく

旧市街 Old City [★★★]

日干しレンガで建てられた建物が続くヤズド旧市街。イラン高原の街のなかでもヤズドの旧市街は、14〜15世紀の中世の面影をよく伝える街として知られ、人々は昔ながらの生活を営んでいる。またマルコ・ポーロがこの街を訪れ、「この地には《ヤスディ》と呼ばれる絹布が多量に製造される。商人たちはこれを諸外国に販売して非常な利潤を求めるのである」と記している。盛んな商業取引が行なわれる様子が描かれ、かつてこの街は対インド貿易で栄えていたという。

▲左 イランを代表する建築、ヤズドのマスジッド・ジャーメ。　▲右　ドーム内側、楽園が示されている

マスジッド・ジャーメ Masjed-e Jame［★★☆］

イラン・イスラム建築を代表するヤズドのマスジッド・ジャーメ。もともとムザッファル朝がイランを統治した1325〜34年にかけてゾロアスター教神殿跡に建てられたもので、現在にいたるまで増改築が繰り返し行なわれてきた。モスク正面のふたつのミナレットはイランでもっとも高く、中世に創建された当時の様子を今に伝える。ミナレットを付随させるイワンから内部に入ると礼拝室があり、ここで金曜日の集団礼拝が行なわれる。また花唐草の装飾をもつミフラーブ（メッカの方角を示す）ではイル・ハン国時代の様式が見られる。

【地図】ヤズド

【地図】ヤズドの [★★★]
- ☐ 旧市街 Old City

【地図】ヤズドの [★★☆]
- ☐ マスジッド・ジャーメ Masjed-e Jame
- ☐ アミール・チャクマーグ・モスク Masjed-e Amir Chakhmaq
- ☐ ドウラト・アーバード庭園 Bagh-e Dolat Abad
- ☐ アーテシュカデ（ゾロアスター教寺院）Ateshkadeh

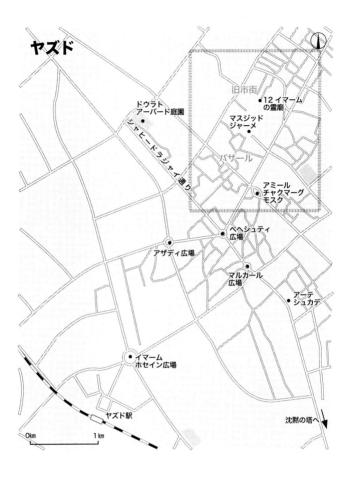

【地図】旧市街

【地図】旧市街の ［★★★］
- [ ] 旧市街 Old City

【地図】旧市街の ［★★☆］
- [ ] マスジッド・ジャーメ Masjed-e Jame
- [ ] アミール・チャクマーグ・モスク Masjed-e Amir Chakhmaq
- [ ] アレキサンダーの牢獄 Alexander's Prison

【地図】旧市街の ［★☆☆］
- [ ] 12イマームの霊廟 Tomb of the 12 Imams
- [ ] 城壁 Arg

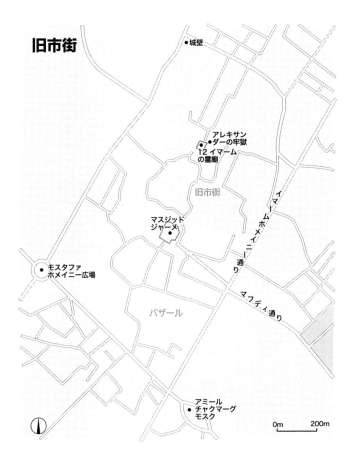

【MEMO】

ASIA
イラン

カナートのしくみ

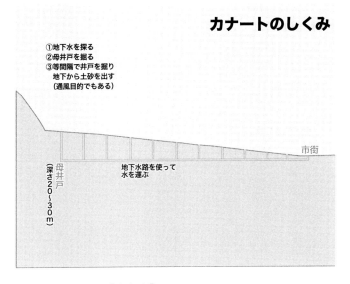

カナート Qanat ［★☆☆］

降水量の乏しいイランでは、古くから地下水を探りあて傾斜のついた水路を掘ることで水をひくカナートが発達してきた。この砂漠に生きる人々の知恵とも言える地下水路は、紀元前6世紀のアケメネス朝ペルシャの時代から受け継がれ、カナートを掘る技術、手入れ方法などはほとんど変わっていないという。砂漠地帯に位置するヤズドではカナートが今でも使われていて、エジプト、中央アジア、中国、日本にもその技術が伝わっている。

ASIA
イラン

セイッエド・ロクノッディン廟
Bogh'e-ye Seyyed Rokh‐Od‐Din ［★☆☆］

マスジッド・ジャーメのそばに残るセイッエド・ロクノッディン廟。セイッエド・ロクノッディンは14世紀、ここに天文台、学校、モスク、図書館からなる複合建築を建てた人物。これらの複合建築はほとんどが消失したが、彼の霊廟だけが残っている。

▲左　カナートで地下水をひく。　▲右　泥壁が続くヤズドの旧市街

アミール・チャクマーグ・モスク
Masjed-e Amir Chakhmaq［★★☆］

バザールの表玄関に面するアミール・チャクマーグ・モスク。アミール・チャクマーグは15世紀のティムール朝時代、シャー・ルフの命でヤズドの太守に任じられていた人物で、この時代、ヤズドは東西交易の富で最高の繁栄を見せていた。中央に立つ2本のミナレットが印象的なこのモスクは、洗練されていく15世紀のペルシャ芸術の代表作にもあげられる。壁面を彩る化粧漆喰、また正門上部の「ペルシャ書道」カリグラフィーが美しい（このモスクがアミール・チャクマーグ

のために建てられたと記されている)。モスク内部には大理石の祭壇、またその周囲には『コーラン』の文言がタイルと石に彫られている。

タキーエ・アミール・チャクマーグ
Takieh – ye Amir Chakhmaq [★☆☆]

アミール・チャクマーグ・モスクのそばに立つ複合施設。なかにはシーア派第3代イマーム・ホセインの殉教を語り継ぐための受難劇を見るタイル貼りの観覧席もある(19世紀のもの)。

▲左 ドーム、アーチといった様式はイランで発明された。 ▲右 夜ライトアップされたアミール・チャクマーグ・モスク、15世紀創建

アレキサンダーの牢獄 Alexander's Prison ［★★☆］

ペルシャ討伐を行なったアレクサンダーが東方遠征の途上で建造したと伝えられる牢獄跡。直径10mの深い縦穴となっていて、そのまわりはレンガで固められている（ドームの天上からはほとんど光が入らない）。牢獄の主要部分は残っているものの、現在はおもにマドラサ（イスラム神学校）として使用されている。

▲左　日干しレンガでつくられた建物がならぶ褐色の世界。　▲右　水タバコをふかすイラン人

12イマームの霊廟 Tomb of the 12 Imams

12イマームの霊廟はヤズドに現存するもっとも古い建築（11世紀ごろ）で、ブワイフ朝かセルジューク朝時代の霊廟だと考えられている。実際にイマームの遺体が安置されているわけではなく、ある人物が「この建物に12イマームがいる夢を見た」ことからこの名前がつけられた。正方形プランにドームを載せる建築様式はサマン朝の流れをくみ、内部にはセルジューク朝時代の碑文が残る（サマン朝は8～10世紀にイラン北東のホラサーンにあった王朝）。

【MEMO】

ヤズド城市案内 Yazd

ASIA
イラン

城壁 Arg

褐色のレンガで組まれた旧市街の城壁。ササン朝時代に街が創建されて以来、11世紀のブワイフ朝、14世紀のムザッファル朝時代と街の発展にともなって市壁が拡張され、現在、見られるヤズドの市壁は19世紀のもの。城壁の内側が補助用の壁で支えられる様式が残っている。

▲左　鮮やかなステンドグラスが見られたチャイハネ。　▲右　世界遺産のペルシャ庭園、ドウラト・アーバード庭園

ドウラト・アーバード庭園 Bagh-e Dolat Abad ［★★☆］

バードギールと呼ばれるイラン独特の風採り塔が立つドウラト・アーバード庭園（世界遺産に指定されている9つのペルシャ庭園のひとつを構成している）。高さ33mでヤズドでもっとも高いものとなっている。18世紀に造営され、かつてはザンド朝、カージャル朝時代を通じてもっとも美しい庭園だとたたえられていた。敷地内にはシーラーズを拠点に南東イランを支配したザンド朝のキャリーム・ハーンの邸宅跡も残る。

ASIA
イラン

世界遺産に指定されているペルシャ庭園

パサルガダエの古代庭園(パサルガダエ)

エラム庭園(シーラーズ)

チェヘル・ストーン庭園(イスファハン)

フィーン庭園(カーシャーン)

アッバース・アーバード庭園(ベフシャフル)

マーハーン庭園(ケルマーン)

ドウラトアーバード庭園(ヤズド)

パフラヴァーンプール庭園(ヤズド)

アクバリーイェ庭園(ビルジャンド)

▲左　ヤズドのスイーツ、イラン人の大好物。　▲右　ゾロアスター教寺院のアーテシュカデ

アーテシュカデ(ゾロアスター教寺院)Ateshkadeh[★★☆]

ヤズド旧市街南東に位置するゾロアスター教神殿アーテシュカデ。唯一神アフラ・マズダの象徴と見られる「永遠の炎」があって、この炎は1000年以上絶えることなく燃えているのだという。ここではゾロアスターの生誕祭などが開かれ、その際、祭司は白い帽子に筒袖の白衣、白いズボンという出で立ちをし、息がかかって炎が穢れないように白布のマスクをつける。

ASIA
イラン

ヤズドの甘物

砂糖をふんだんに使った甘いお菓子で知られるヤズド。パシュマク（綿菓子）、モクート（シロップとバラの氷ベースのデザート）、バグラバ（カステラ）などを街中で見かける。

【MEMO】

**Guide,
Around Yazd**
郊外
城市案内

鳥葬が行なわれてきた沈黙の塔（ダフメ）
世界遺産にも指定されているパフラヴァーンプール庭園
イラン文化の源流を訪ねる

沈黙の塔（ダフメ）Towers of Sailence［★★★］

ゾロアスター教徒が鳥葬や風葬を行なう場であった沈黙の塔（ダフメ）。火や水、土などの自然（森羅万象）が聖なるものと考えられたゾロアスター教では、死者の穢れから自然を守るために人里離れた岩山に死者をおいて、鳥に食べさせたり、乾燥させることで遺体を処理してきた。衛生上の理由から20世紀初頭には鳥葬が禁じられ、ゾロアスター教徒も土葬されているが、かつては鳥が死体をつつくあいだ、その親族は沈黙の塔近くで2、3日を過ごしたという。ヤズド郊外に位置するこの沈黙の塔では、平たい円筒形がふたつならぶ

【地図】沈黙の塔の [★★★]
- [ ] 沈黙の塔（ダフメ）Towers of Sailence

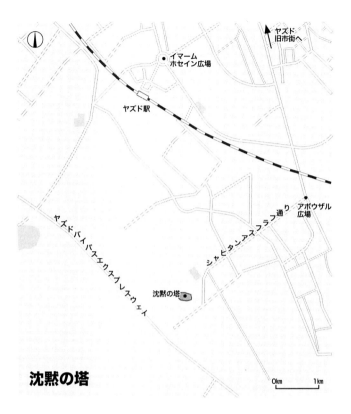

【地図】ヤズド郊外

【地図】ヤズド郊外の [★★★]
- [ ] 沈黙の塔（ダフメ）Towers of Sailence

【地図】ヤズド郊外の [★★☆]
- [ ] パフラヴァーンプール庭園 Bagh-e Pahlavanpur

【地図】ヤズド郊外の [★☆☆]
- [ ] チャク・チャク Chak Chak
- [ ] タフト Taft

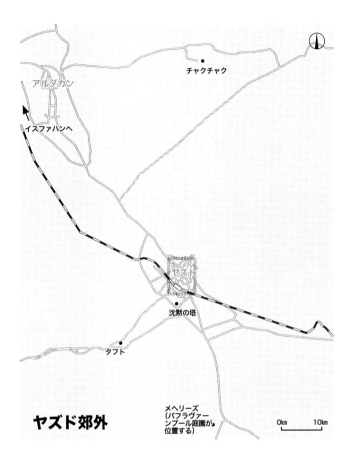

▲左　ゾロアスターは誕生したとき微笑んだという。　▲右　鳥葬が行なわれる沈黙の塔（ダフメ）

様式になっている。

チャク・チャク Chak Chak ［★☆☆］

ヤズド郊外に位置するゾロアスター教聖地チャク・チャク。ここには湧き水がポタポタと落ちる洞窟や神殿があり、世界中からゾロアスター教徒が巡礼に訪れている。チャク・チャクという名前は、アラブ軍の侵攻を受け、ササン朝ペルシャが滅びるとき、「追いつめられた皇女がその姿を湧き水に変えた」という伝説にちなむ。湧き水はポタポタと落ち、その音色を人々はチャク・チャクと呼ぶようになった。

【MEMO】

Yazd ヤズド郊外城市案内

ASIA
イラン

タフト Taft [★☆☆]

果樹園に囲まれた農業と織物の町タフト。イスラム教徒とゾロアスター教徒双方の住民の暮らしが見られる。町上部の斜面にはゾロアスター教の礼拝所があり、そばの洞窟では炎が燃えている。また近くには小川が流れる谷があり、夏にはヤズドから訪れる人も多い。ヤズドの南西 26 km。

▲左　アーブ・アンバールと呼ばれる貯水庫。　▲右　沈黙の塔（ダフメ）で出逢った親子

パフラヴァーンプール庭園 Bagh-e Pahlavanpur [★★☆]

ヤズド近郊のメヘリーズに位置するパフラヴァーンプール庭園。地下水路カナートで水がひかれ、樹木が茂る。ドウラト・アーバード庭園とともに世界遺産に指定されたペルシャ庭園となっている。ヤズドから南東に30km。

天国と地獄を見つめて

善と悪、光と闇
熱い夏と寒い冬をもつイラン高原の環境のなかで
ゾロアスター教は育まれた

ゾロアスター教とは

アケメネス朝やササン朝など古代ペルシャで国教とされたゾロアスター教。古い時代、ペルシャ人をはじめとするアーリア人は火や雷、水など森羅万象を神々と見てあがめられていたが、宗祖ゾロアスターはその多神教を一神教へと改革したとされる(そのため同じアーリア人のゾロアスター教聖典『アヴェスター』とインドのバラモン聖典『リグ・ヴェーダ』のあいだには共通点が見られるという)。このゾロアスター教は「衆生を救済する阿弥陀如来」をもつ大乗仏教はじめ、世界の宗教に絶大な影響をあたえたと言われる。

ASIA
イラン

ゾロアスターと預言者の時代

ゾロアスター（紀元前 15 世紀〜前 6 世紀ごろ）

アブラハム（紀元前 15 世紀〜前 14 世紀ごろ）

モーゼ（紀元前 15 世紀〜前 14 世紀ごろ）

ブッダ（紀元前 6 世紀〜前 5 世紀ごろ）

イエス・キリスト（1 世紀）

ムハンマド（7 世紀）

生き残ったゾロアスター教徒

7 世紀、イスラム教をかかげるアラブ軍の侵入を受けて、サ

▲左　沈黙の塔（ダフメ）に登る人たち。　▲右　ナグシェ・ロスタムのゾロアスター教遺構

サン朝ペルシャは滅び、イランはゆるやかにイスラム化していった。ゾロアスター教徒はヤズドやケルマンでわずかに命脈をたもち、現在、イランには1万人から2万人の信徒がいると目されている。また歴史的に、ある一派は交易を通して関係のあったインドのグジャラートへと逃れ、現在、グジャラート南のムンバイには世界最大のゾロアスター教コミュニティが見られる（5万人の信者とともに50近くの拝火神殿で炎が燃えている）。またそのなかには経済的に成功した者が多く、ヤズドに送金したり、子弟をヤズドに留学させることもあるという。

ASIA
イラン

イランにみるゾロアスター教の影響

古代ペルシャの国教であったゾロアスター教は、イランがイスラム化したのちも文化の基層で息づいていると言われる。イランで信仰されているイスラム教シーア派（スンニ派がイスラム教の多数派）は少数派だが、「神隠れ状態にある12代目イマームがこの世の終わりに現れる」といったゾロアスター教的な終末思想をもつ。また農耕のはじまり（ナウローズ）を新年とする太陽暦にもゾロアスター教の影響が残っているという。

Yazd

天国と地獄を見つめて

参考文献

『イラン史』(蒲生礼一 / 修道社)

『事典イスラームの都市性』(板垣雄三・後藤明 / 亜紀書房)

『ムガル皇帝歴代誌』(フランシス・ロビンソン / 創元社)

『東方見聞録』(マルコ・ポーロ / 平凡社)

『ゾロアスターの神秘思想』(岡田明憲 / 講談社)

『ゾロアスター教』(P・R・ハーツ / 青土社)

『ゾロアスター教』(青木健 / 講談社)

『世界大百科事典』(平凡社)

まちごとパブリッシングの旅行ガイド

Machigoto INDIA , Machigoto ASIA , Machigoto CHINA

【北インド - まちごとインド】

001 はじめての北インド
002 はじめてのデリー
003 オールド・デリー
004 ニュー・デリー
005 南デリー
012 アーグラ
013 ファテープル・シークリー
014 バラナシ
015 サールナート
022 カージュラホ
032 アムリトサル

【西インド - まちごとインド】

001 はじめてのラジャスタン
002 ジャイプル
003 ジョードプル
004 ジャイサルメール
005 ウダイプル
006 アジメール（プシュカル）
007 ビカネール
008 シェカワティ
011 はじめてのマハラシュトラ
012 ムンバイ
013 プネー
014 アウランガバード
015 エローラ
016 アジャンタ
021 はじめてのグジャラート
022 アーメダバード
023 ヴァドダラー（チャンパネール）
024 ブジ（カッチ地方）

【東インド - まちごとインド】

002 コルカタ
012 ブッダガヤ

【南インド - まちごとインド】

001 はじめてのタミルナードゥ
002 チェンナイ
003 カーンチプラム
004 マハーバリプラム
005 タンジャヴール
006 クンバコナムとカーヴェリー・デルタ
007 ティルチラパッリ
008 マドゥライ
009 ラーメシュワラム
010 カニャークマリ
021 はじめてのケララ
022 ティルヴァナンタプラム
023 バックウォーター（コッラム～アラップーザ）
024 コーチ（コーチン）
025 トリシュール

【ネパール - まちごとアジア】

001 はじめてのカトマンズ
002 カトマンズ
003 スワヤンブナート

004 パタン
005 バクタプル
006 ポカラ
007 ルンビニ
008 チトワン国立公園

【バングラデシュ - まちごとアジア】

001 はじめてのバングラデシュ
002 ダッカ
003 バゲルハット（クルナ）
004 シュンドルボン
005 プティア
006 モハスタン（ボグラ）
007 パハルプール

【パキスタン - まちごとアジア】

002 フンザ
003 ギルギット（KKH）
004 ラホール
005 ハラッパ
006 ムルタン

【イラン - まちごとアジア】

001 はじめてのイラン
002 テヘラン
003 イスファハン
004 シーラーズ
005 ペルセポリス
006 パサルガダエ（ナグシェ・ロスタム）
007 ヤズド
008 チョガ・ザンビル（アフヴァーズ）
009 タブリーズ
010 アルダビール

【北京 - まちごとチャイナ】

001 はじめての北京
002 故宮（天安門広場）
003 胡同と旧皇城
004 天壇と旧崇文区
005 瑠璃廠と旧宣武区
006 王府井と市街東部
007 北京動物園と市街西部
008 頤和園と西山
009 盧溝橋と周口店
010 万里の長城と明十三陵

【天津 - まちごとチャイナ】

001 はじめての天津
002 天津市街
003 浜海新区と市街南部
004 薊県と清東陵

【上海 - まちごとチャイナ】

001 はじめての上海
002 浦東新区
003 外灘と南京東路
004 淮海路と市街西部
005 虹口と市街北部
006 上海郊外（龍華・七宝・松江・嘉定）
007 水郷地帯（朱家角・周荘・同里・甪直）

【河北省 - まちごとチャイナ】

001 はじめての河北省
002 石家荘
003 秦皇島
004 承徳
005 張家口
006 保定
007 邯鄲

【江蘇省 - まちごとチャイナ】

001 はじめての江蘇省
002 はじめての蘇州
003 蘇州旧城
004 蘇州郊外と開発区
005 無錫
006 揚州
007 鎮江
008 はじめての南京
009 南京旧城
010 南京紫金山と下関
011 雨花台と南京郊外・開発区
012 徐州

【浙江省 - まちごとチャイナ】

001 はじめての浙江省
002 はじめての杭州
003 西湖と山林杭州
004 杭州旧城と開発区
005 紹興
006 はじめての寧波
007 寧波旧城
008 寧波郊外と開発区
009 普陀山
010 天台山
011 温州

【福建省 - まちごとチャイナ】

001 はじめての福建省
002 はじめての福州
003 福州旧城
004 福州郊外と開発区
005 武夷山
006 泉州
007 厦門
008 客家土楼

【広東省 - まちごとチャイナ】

001 はじめての広東省
002 はじめての広州
003 広州古城
004 天河と広州郊外
005 深圳（深セン）
006 東莞
007 開平（江門）
008 韶関
009 はじめての潮汕
010 潮州
011 汕頭

【遼寧省 - まちごとチャイナ】

001 はじめての遼寧省
002 はじめての大連
003 大連市街
004 旅順
005 金州新区

006 はじめての瀋陽
007 瀋陽故宮と旧市街
008 瀋陽駅と市街地
009 北陵と瀋陽郊外
010 撫順

【重慶 - まちごとチャイナ】

001 はじめての重慶
002 重慶市街
003 三峡下り（重慶～宜昌）
004 大足

【香港 - まちごとチャイナ】

001 はじめての香港
002 中環と香港島北岸
003 上環と香港島南岸
004 尖沙咀と九龍市街
005 九龍城と九龍郊外
006 新界
007 ランタオ島と島嶼部

【マカオ - まちごとチャイナ】

001 はじめてのマカオ
002 セナド広場とマカオ中心部
003 媽閣廟とマカオ半島南部
004 東望洋山とマカオ半島北部
005 新口岸とタイパ・コロアン

【Juo-Mujin（電子書籍のみ）】

Juo-Mujin 香港縦横無尽
Juo-Mujin 北京縦横無尽
Juo-Mujin 上海縦横無尽

【自力旅游中国 Tabisuru CHINA】

001 バスに揺られて「自力で長城」
002 バスに揺られて「自力で石家荘」
003 バスに揺られて「自力で承徳」
004 船に揺られて「自力で普陀山」
005 バスに揺られて「自力で天台山」
006 バスに揺られて「自力で秦皇島」
007 バスに揺られて「自力で張家口」
008 バスに揺られて「自力で邯鄲」
009 バスに揺られて「自力で保定」
010 バスに揺られて「自力で清東陵」
011 バスに揺られて「自力で潮州」
012 バスに揺られて「自力で汕頭」
013 バスに揺られて「自力で温州」

【車輪はつばさ】
南インドのアイラヴァテシュワラ寺院には建築本体に車輪がついていて寺院に乗った神さまが人びとの想いを運ぶと言います。

・本書はオンデマンド印刷で作成されています。
・本書の内容に関するご意見、お問い合わせは、発行元の
　まちごとパブリッシング info@machigotopub.com までお願いします。

まちごとアジア
イラン007ヤズド
〜息づくゾロアスター教の「伝統」[モノクロノートブック版]

2017年11月14日　発行

著　者	「アジア城市（まち）案内」制作委員会
発行者	赤松　耕次
発行所	まちごとパブリッシング株式会社 〒181-0013　東京都三鷹市下連雀4-4-36 URL　http://www.machigotopub.com/
発売元	株式会社デジタルパブリッシングサービス 〒162-0812　東京都新宿区西五軒町11-13 清水ビル3F
印刷・製本	株式会社デジタルパブリッシングサービス URL　http://www.d-pub.co.jp/

MP053

ISBN978-4-86143-187-6　C0326　　　Printed in Japan
本書の無断複製複写（コピー）は、著作権法上での例外を除き、禁じられています。